# LA LANGUE FRANÇAISE

### PAR

## E. LITTRÉ

Nouvelle édition précédée d'un Avant-Propos

### Par MICHEL BRÉAL

# PARIS

## LIBRAIRIE CH. DELAGRAVE

15, RUE SOUFFLOT, 15

COMMENT J'AI FAIT

# MON DICTIONNAIRE

## DE LA LANGUE FRANÇAISE

SOCIÉTÉ ANONYME D'IMPRIMERIE DE VILLEFRANCHE-DE-ROÜERGUE

Jules Bardoux, Directeur.

# COMMENT J'AI FAIT

# MON DICTIONNAIRE

## DE LA LANGUE FRANÇAISE

PAR

## E. LITTRÉ

Nouvelle édition, précédée d'un Avant-Propos

PAR

## MICHEL BRÉAL

## PARIS

### LIBRAIRIE CH. DELAGRAVE

15, RUE SOUFFLOT, 15

1897

# AVANT-PROPOS

Parmi les opuscules qui sont sortis de la plume de Littré durant les dernières années de sa vie, il n'en est pas de plus intéressant, de plus touchant, ni d'un plus grand exemple que la « Causerie » intitulée : *Comment j'ai fait mon Dictionnaire*. Tous ceux qui l'ont lue en ont gardé un vif souvenir. Ce morceau, traduit en allemand, est devenu classique dans le monde pédagogique d'outre-Rhin. Il est moins connu des jeunes générations françaises, parce qu'il fait partie d'un recueil devenu rare[1]. Aussi souhaitais-je depuis longtemps de le voir remettre en lumière. Ayant, l'an dernier, fait part de ce désir à M^me Littré, et lui ayant rappelé le succès d'une publication antérieure du même genre[2], j'ai obtenu d'elle son consentement à une réédition : en être chargé moi-même, comme elle me le proposa, ne pouvait être pour moi qu'un honneur et un plaisir. Il y a quelque chose de réconfortant à vivre, ne fût-ce qu'un petit nombre d'heures, en communion avec cette austère et noble intelligence.

1. *Études et Glanures*, un vol., chez Didier, 1880.
2. *Comment les mots changent de sens*, par É. Littré, avec un avant-propos de Michel Bréal, fascicule 45 des *Mémoires et Documents scolaires du Musée pédagogique*.

En lisant ce récit, on a l'exemple de ce que peut le travail porté à sa plus haute puissance. Je ne connais pas de second spécimen d'un pareil labeur. Si l'on songe que la même vie a suffi à la publication des œuvres d'Hippocrate, d'un Dictionnaire de médecine, de la traduction de Pline, sans compter quantité d'autres écrits non moins graves, d'une portée non moins élevée, on se rappelle et on se redit le mot d'Horace : *Labor improbus,* — « un travail de fer ».

Mais ce qui n'est pas moins digne d'admiration, c'est la parfaite et vraie modestie, c'est l'extrême bonne grâce avec laquelle Littré, déjà malade, pour faire passer plus vite les heures de souffrance, raconte ce chapitre de sa vie. Il tient d'abord à faire la part de ses collaborateurs : il les énumère tous, depuis ceux des deux derniers siècles, qui lui ont montré le chemin, comme Henri Estienne, Forcellini, Ducange surtout, — à qui il est reconnaissant, « comme s'il était là me prêtant l'oreille », — jusqu'à ses collaborateurs du jour, qui l'ont préservé « de fautes dont la pensée me fait encore frémir ». Il n'oublie personne : ni Hachette, son éditeur et son ami, ni l'imprimeur, ni l'équipe de compositeurs qui travailla pour lui sans interruption pendant douze ans.

Comment est-il venu à bout de cette œuvre immense ? — Le secret, dit-il, est bien simple : c'est de ne pas perdre une minute. Il faut posséder l'art de répartir son temps. La Préface qui se trouve en tête du *Dictionnaire,* et qui, pour le dire en passant, est une page magistrale d'histoire de la langue, il l'a composée à la campagne, durant quelques moments de ses matinées, pendant qu'il était au rez-de-chaussée, attendant « qu'on ait fait sa chambre ». Il faut ajouter que cette chambre, à la fois chambre à cou-cher et cabinet de travail, l'avait vu prolonger ses veilles jusqu'à trois heures du matin.

Toute sa journée et une partie de ses nuits étant déjà prises, M^{me} Auguste Comte est venue tout à coup lui demander d'écrire un livre sur la vie et la philosophie du fondateur de l'école positiviste. Littré, d'abord désolé, crut cependant ne pas pouvoir refu-ser : et il est arrivé, par quelques remaniements dans la disposition de son temps, à composer ce livre sans arrêter en rien la marche du *Dictionnaire*. Tel est le pouvoir de l'ordre...

Il y a fallu encore autre chose : l'art de définir et de limiter son œuvre. Des dictionnaires du même genre ont été entrepris ailleurs : chaque grande na-tion veut avoir le sien. Mais jusqu'à présent aucun n'est terminé. Conçus sur un plan trop vaste, ils s'é-tendent à tel point que l'achèvement s'en fait atten-dre outre mesure. Littré, avec une sévérité dont le grand public ne peut apprécier le mérite, s'est im-posé des bornes qu'il ne dépasse jamais. Pour l'his-toire du mot, deux exemples par siècle. Pour l'étymo-logie, une brève indication des opinions émises, une conclusion courte et cla e. Grâce à cette sobriété, il a de la place pour toutes sortes de renseignements qui ailleurs sont oubliés ou négligés : la prononcia-tion, l'orthographe, les synonymes, les règles de syn-taxe. Ce côté pratique achève de caractériser son œu-vre. Littré est un érudit de premier ordre ; mais il est en même temps un philosophe utilitaire, un fils de la Révolution, un ami de tout ce qui peut éclairer et guider les masses. Grâce à ce mélange, le *Diction-naire historique de la langue française* a, entre toutes les œuvres de même sorte, son rang à part. Il est pratique, il est scientifique et il est terminé. Or, comme il le dit, « c'est le tout qui est le juge suprême des parties ».

Voilà ce que Littré tantôt nous expose et tantôt nous laisse entrevoir.

Je n'ai encore rien dit de ce qui fait le principal charme de ce morceau : la délicatesse morale, les con-tinuels examens de conscience, la sincérité avec lui-même, le tendre attachement pour sa femme et sa fille, ses aides et ses soutiens de tous les moments, le souvenir ému à sa maison du Ménil, sa studieuse retraite, un moment menacée par la guerre et par l'invasion. Nous avons ici une sorte de post-scriptum du *Dictionnaire* qui rend cet ouvrage admirable encore plus cher à tous ses lecteurs.

Bien différent des malades qui accusent les fati-gues et les peines de leur vie, Littré, après avoir examiné en médecin les infirmités dont il souffre, déclare que le *Dictionnaire* n'y est pour rien, et il l'innocente « de toutes les perversions organiques qui l'affligent ».

Pour cette perfection morale encore plus que pour l'intérêt philologique et historique, j'ai cru qu'il était bon de remettre cette Causerie aux mains de la jeu-nesse.

MICHEL BRÉAL.

# COMMENT J'AI FAIT MON DICTIONNAIRE

## DE LA LANGUE FRANÇAISE

### CAUSERIE[1]

Rien ne m'avait préparé particulièrement à une entreprise de ce genre... Rien? Et les travaux consignés dans le présent volume et ceux, plus considérables, que contient l'*Histoire de la langue française?* Sans doute; mais cela, qui me qualifia amplement lors des transformations de mon premier et vague projet, y est postérieur; et je répète en toute vérité : rien ne m'avait préparé à une entreprise de ce genre. J'avais dépassé quarante ans; la médecine grecque m'occupait entièrement, sauf quelques excursions littéraires qu'accueillaient des journaux quotidiens et des revues. Je donnais chez M. J.-B. Baillière une édition d'Hippocrate, texte grec avec la collation de tous les manuscrits que je pus me procurer, notes et commentaires; édition dont le premier volume me valut le suffrage de l'Académie des inscriptions et belles-lettres, et dont le dixième et dernier ne parut qu'en l'année 1860. C'était bien assez de besogne. La Fontaine dit de son homme déjà pourvu d'un gibier suffisant :

> Tout modeste chasseur en eût été content.

Son chasseur n'était pas modeste, et le fabuliste ajoute aussitôt :

> Mais quoi! rien ne remplit
> Les vastes appétits d'un faiseur de conquêtes.

1. 1er mars 1880.

Entendons-nous pourtant sur mes *vastes appétits*. Je suis
de ces esprits inquiets ou charmés qui voudraient parcourir les champs divers du savoir et obtenir, suivant la belle
expression de Molière, *des clartés de tout*; mais, à la fois
avare et avide, je n'aimais à rien lâcher. C'est ainsi que je
continuai mon Hippocrate, tout en entreprenant mon dictionnaire. Que n'ai-je pas roulé en mon esprit? Si ma
vieillesse avait été forte et que la maladie ne l'eût pas
accablée, j'aurais mis la main, avec quelques collaborateurs, à une histoire universelle dont j'avais tout le plan.

Mais revenons. La conception du dictionnaire fut due,
en de telles circonstances, à une occasion fortuite, n'eut
d'abord qu'un petit commencement et un caractère frag-
mentaire, et ne parvint que par des élaborations successi-
ves à se former en un plan général et en un ensemble où
toutes les parties concouraient. Mes lectures, toujours
très diverses, avaient amené sous mes yeux des recherches étymologiques. A la suite, je me plus à partager
quelques mots français en préfixes, suffixes et radicaux.
Cela me parut curieux; et incontinent, sans prendre le
temps ni la peine de pousser plus loin l'expérience, j'ima-
ginai qu'il y avait là matière à un dictionnaire étymologique de la langue, refaisant, à la lumière des méthodes
modernes, ce que Ménage avait fait deux cents ans aupa-
ravant, non sans mérite. Au reste, ces préliminaires, qui
d'abord absorbaient toute mon attention et qui plus tard
se réduisirent d'eux-mêmes à leur proportion véritable,
ne furent pas complètement perdus; et, dans l'œuvre définitive, à leur rang alphabétique, j'ai donné une certaine
place aux préfixes et aux suffixes, en en expliquant l'ori-
gine et la signification; innovation non inutile, car les
préfixes et les suffixes sont des éléments français dont la
connaissance importe à l'analyse des mots.

Je proposai mon projet à M. Hachette, le grand libraire,
à qui me liait une vieille amitié de collège. Il l'accepta.

Le titre de l'ouvrage devait être : *Nouveau Dictionnaire étymologique de la langue française*. Un traité entre nous fut conclu. Il m'avança quatre mille francs. Cela se passait en 1841.

Cinq années s'écoulèrent sans que j'eusse mis sur le chantier le travail dont j'avais pris l'initiative et la responsabilité. C'était, j'en conviens, bien du retard et bien de la négligence. Je ne puis me justifier, je ne puis que m'excuser et plaider les circonstances atténuantes. J'eus, dans cet intervalle, le malheur de perdre ma mère. Cette mort me plongea dans un deuil profond, et, pendant de longs mois, je demeurai incapable de reprendre le cours habituel et nécessaire de mes occupations. Je dis nécessaire, car cette oisiveté par chagrin porta beaucoup de découragement dans mes petites affaires. D'autre part, quand je commençai de revenir à moi, M. Baillière, autre éditeur qui me fut toujours bienveillant et ami, me talonna pour Hippocrate, dont, avec raison, il voulait que les volumes se suivissent avec quelque régularité. Sous ces diverses pressions, je ne sus pas disposer mon temps pour le dictionnaire étymologique, nouvelle besogne qu'il fallait introduire dans le cadre de la journée, et je laissai de côté des engagements dont le souvenir venait parfois me causer de désagréables sursauts.

Cette torpeur, qui n'avait que trop duré, M. Hachette m'en tira en me sommant de commencer. On sait que parfois, pendant le sommeil, des idées qui nous ont occupés la veille s'élaborent inconsciemment; de même, pendant ce trop long sommeil de notre projet, ses idées et les miennes s'étaient modifiées, et il me proposa d'annuler l'ancien traité, d'en conclure un autre et de donner au travail un nouveau titre, le titre de *Dictionnaire étymologique, historique et grammatical de la langue française*. On remarquera l'adjonction d'*historique*. C'était là, en effet, depuis que je considérais mon projet sous toutes ses faces, le point dominant qui me préoccupait et qui cadrait le mieux avec ma qualité d'érudit et mon titre de membre de l'Académie des inscriptions. Je n'étais pas le premier qui eût conçu l'introduction de l'histoire en un lexique de la langue française. Voltaire en avait proposé une ébauche en conseillant de citer, au lieu d'exemples arbitraires, des phrases tirées des meilleurs écrivains. Mais surtout Génin, amoureux de l'ancienne langue, recommanda de remonter délibérément jusqu'à elle, et de ne pas craindre d'y chercher des autorités. Je m'appropriai et l'avis de Voltaire et l'avis de Génin. J'en composai un plan original qui fut bien à moi. J'étais le premier qui entreprenais de soumettre de tout point le dictionnaire à l'histoire, exécutant l'œuvre, si j'avais force, patience et chance favorable.

Voyez, en effet, ce qu'est la chance. Bien plus tard, et quand j'avais déjà commencé l'impression, j'appris indirectement qu'un savant homme, M. Godefroy, avait, lui aussi, songé à un dictionnaire historique de la langue française et amassé des matériaux à cette fin. La nouvelle de l'avance que j'avais prise lui ôta tout espoir. A lui la chance manquait. Pourtant tout ne fut pas perdu. Ces amples lectures et sa riche collection d'anciens exemples fournissaient sans peine de quoi faire un dictionnaire de la langue d'oïl, lequel nous manque. Bientôt je fus en rapport avec M. Godefroy, je donnai mon approbation à une telle entreprise ; je le confirmai dans la persuasion qu'elle était fort désirée ; j'exhortai, je pressai, j'alléguai maintes fois mon exemple et mes procédés. La mouche du coche, dira-t-on. Non pas tout à fait ; car M. Godefroy m'a *payé de ma peine* en me dédiant son livre, dont la première livraison vient de paraître, enlevant ainsi à l'érudition allemande, qui s'y préparait allègrement, l'honneur de nous donner, à nous Français, un glossaire de notre vieille langue [1].

1. Le *Dictionnaire de l'ancienne langue française et de tous ses dialectes du neuvième au quinzième siècle*, par Frédéric Godef...

A moi la chance s'ouvrait sous la forme de la seconde proposition de M. Hachette. Peut-être, après tant de préliminaires, étonnerai-je mon lecteur en lui confessant que, loin de la saisir avidement, je demandai vingt-quatre heures de réflexion. Ces vingt-quatre heures furent un temps d'angoisse; je passai la nuit sans fermer l'œil, soupesant en idée le fardeau dont il s'agissait définitivement de me charger. Jamais la sévère réalité du vers d'Horace[1] ne se présenta plus vivement à mon esprit. La longueur de l'entreprise, qui, je le prévoyais, me mènerait jusqu'à la vieillesse, et la nécessité de la combiner, durant beaucoup d'années, avec les travaux qui me faisaient vivre, se jetaient en travers de ma résolution. Enfin, vers le matin, le courage prit le dessus. J'eus honte de reculer après m'être avancé. La séduction du plan que j'avais conçu fut la plus forte, et je signai le traité.

Pourtant ma confession n'est pas tout à fait complète. M. Hachette m'avait avancé, je l'ai dit, quatre mille francs, et les rendre devenait une première obligation, du moment que rien ne se concluait entre nous. Je n'étais pas hors d'état de les restituer, mais ils faisaient partie de quelques économies auxquelles je tenais comme le petit épargnant tient à ses épargnes. Ils ne furent donc pas sans une certaine influence sur ma détermination. Toutefois, j'étais destiné à n'en pas jouir. La révolution de février, deux ans après, me les enlevait, avec le restant de ces économies qui m'étaient si chères, placées en des dépôts que la crise universelle du crédit fit sombrer. La catastrophe ne toucha pas

porte en effet cette dédicace : « A mon cher et vénéré maître M. E. Littré, hommage du plus tendre respect et de la plus profonde reconnaissance. » Ce grand ouvrage (1880-1895) ne compte pas moins de 8 volumes in-4°. L'auteur le fait, en ce moment, suivre d'un supplément non moins développé. L'Académie des inscriptions a honoré ce travail du grand prix Gobert. (Note de l'éditeur.)

1. . . . . . . . . . . *Quid ferre recusent,*
*Quid valeant humeri.*

à mon dictionnaire, à mon plan, à ma résolution. Le résultat (il faut bien juger par le résultat, puisque, aupara-
vant, nous ne pouvons percer l'avenir) m'a donné bien au
à de ce que, dans mes anticipations les plus ambitieu-
se j'espérais en fait de compensations.

Le commencement était de rassembler force exemples
pris dans nos classiques et dans les textes d'ancienne langue. Les classiques allèrent de soi, sans que je m'inter-
disse de sortir de leur cercle; quant aux textes d'ancienne
langue, je pris les plus célèbres dans chaque siècle depuis
le douzième (le onzième a peu de chose) jusqu'au seizième
inclusivement. Le seizième siècle est la limite de mon historique. Mon atelier fut aussitôt constitué. M. Hachette
mit à ma disposition des personnes instruites qui lurent
pour moi les auteurs, et inscrivirent, sur de petits papiers
portant en tête le mot de l'exemple, les phrases relevées.
Je les ai nommées dans la préface du dictionnaire et re-
merciées, ainsi que quelques volontaires qui se plurent à
me fournir du secours. Mes instructions étaient fort générales : recueillir, autant que faire se pourrait, des exemples de tous les mots (malgré nos recherches plus d'un est
resté sans citation), n'omettre ni les archaïsmes, ni les néo-
logismes, ni les contraventions à la grammaire; avoir l'œil
sur les acceptions détournées ou singulières, et donner la
préférence aux exemples intéressants ou par leur élégance,
ou par l'anecdote, ou par l'histoire. Tels furent les points
dont je causai avec eux; l'exécution fut laissée à leurs
propres vues, à leurs habitudes, à leur goût personnel et
aussi au hasard des rencontres.

Je lus de mon côté et dépouillai certains livres, non seulement pour augmenter la somme du travail, mais surtout pour avoir par moi-même expérience de ce genre de
besogne et mieux apprécier les contributions de mes auxiliaires. Toutefois, la vraie pierre de touche fut quand le
moment vint d'utiliser ces exemples et de les incorporer

dans la rédaction de l'article auquel ils se référaient. Alors je reconnus que plus d'un, des miens comme de ceux de mes auxiliaires, étaient suspects à divers titres. M. Hachette voulait que mes citations se bornassent à nommer l'auteur et ne fussent pas accompagnées des renseignements qui permettraient de les retrouver, édition, chapitre, page. Son motif était que, vu la multitude des indications et la facilité de se tromper sur des chiffres, soit en écrivant, soit en imprimant, ce serait un grenier à fautes. Telle fut son expression. Mais ce parti, par trop radical, quand même je l'aurais pris, n'eût pas remédié à ce qu'il y avait de vicieux ou d'insuffisant en certaines citations. Le seul recours était la vérification, toutes les fois qu'un soupçon quelconque s'élevait, vérification souvent fort laborieuse et grande consommatrice d'heures et de recherches. Néanmoins je ne me rebutai point, et je réussis à donner à mes citations toute leur qualité de précision. Malgré le pronostic, ce ne fut point un grenier à fautes.

Pendant que je recueillais paisiblement des exemples, de terribles événements éclatèrent, qui changèrent la face de la France. En 1848, une émeute vite transformée en révolution la mit soudainement en république. La stupéfaction peu bienveillante de la province, à la vue d'un changement sur lequel elle n'avait pas été consultée, les idées révolutionnaires des uns, les systèmes socialistes des autres; parmi les vainqueurs, l'incertitude sur l'issue d'une pareille crise, jetèrent dans le désarroi la fortune publique et les fortunes privées. Le sanglant conflit de juin dans Paris même, entre l'Assemblée nationale et les ouvriers, n'était pas fait pour rien amender; et, quand M. Hachette, commandé avec sa compagnie de garde nationale pour attaquer, le vendredi, une barricade élevée en son quartier (il demeurait alors rue Pierre-Sarrasin, rue aujourd'hui détruite), reçut une décharge qui le couvrit du sang de plusieurs de ses voisins, il n'y a pas lieu de s'étonner qu'il ait hésité à continuer une aussi lourde entreprise que le dictionnaire, et suspendu au fort de l'orage les secours qu'il me fournissait. Mais la maison était dès lors solidement établie, et son chef intrépide et habile tint tête aux circonstances. Après une hésitation qui ne fut que momentanée, il persévéra, et je persévérai avec lui.

A la longue, l'amas que je faisais crût tellement, que je me jugeai suffisamment pourvu d'exemples. En réalité, je ne l'étais pas; mais je ne fis pas moins fort bien de m'arrêter ainsi, sauf reprise, en la voie de la collection. Avec les proportions où j'avais conçu mon dictionnaire, je me serais perdu sans ressource dans le temps et dans l'espace, si je m'étais laissé aller, en chacun des compartiments qu'il embrassait, à la tentation, très naturelle du reste, d'y être complet. Il était urgent de se résigner à un sacrifice, et de procéder au tout en se refusant à mettre la dernière main aux parties. Je n'ai point eu à me repentir de ma résolution. Le tout se fit, et c'était l'essentiel; car, en bien des cas, il est le juge suprême des parties. Puis les parties furent reprises en sous-œuvre et avec une meilleure entente; ce qui compensa suffisamment l'interruption que je leur avais infligée.

Il me souvient qu'il y a quelques années, un Anglais, songeant à faire pour sa langue ce que j'avais fait pour la mienne, me demanda par un intermédiaire de le renseigner sur la manière dont j'avais procédé. Je lui donnai de grand cœur quelques indications essentielles; mais, je ne le reconnais que trop aujourd'hui, elles étaient certainement insuffisantes; et si j'avais pu alors lui remettre la notice que j'écris présentement, je lui aurais été de plus d'utilité, en lui sauvant les tâtonnements. A moi ils ne furent pas sauvés. J'avais, il est vrai, en lexicographie, d'illustres prédécesseurs, Henri Estienne, Ducange, Forcellini; Ducange surtout, que j'ai feuilleté sans relâche et

pour qui je suis reconnaissant comme s'il était là me prêtant l'oreille. Je n'ai pas l'outrecuidance de me comparer
à eux. Leur tâche, d'ailleurs, n'a pas été la même que la
mienne; car ils se sont occupés de langues mortes où tout
est clos, et moi, j'ai eu affaire à une langue vivante où tout
demeure ouvert. Quoi qu'il en soit de cette différence, ils
ne nous ont pas dit comment ils s'y sont pris pour composer *leurs Trésors*. Je serai moins discret, et, au risque de
faire penser à mon lecteur que je suis moins modeste, plus
personnel ou, selon l'expression des Anglais, plus *égotiste*,
je continue ma narration lexicographique.

Je prononçai donc la clôture de la récolte des exemples.
Ils étaient écrits sur de petits carrés de papier, portant
chacun le nom de l'auteur, le titre de l'ouvrage, la page
ou le chapitre. Chaque écrivain formait un paquet de ces
carrés, déjà rangés alphabétiquement. Cela dut être trans-
formé en un arrangement alphabétique général. Cette
besogne toute matérielle, dont je me chargeai, m'occupa
pendant plus de trois mois plusieurs heures par jour. On
peut juger par là combien la masse en était considérable. Je l'admirai vraiment, non sans quelque secret effroi,
quand je la vis si grosse dressée devant moi. Mais ma peine
commençait à être récompensée; car, en ce tas de petits
papiers, je possédais, sous un état informe, il est vrai, le
fonds des autorités de la langue classique et le fonds de
l'histoire de toute la langue.

J'ai, dans la préface de mon dictionnaire, donné le tableau et l'explication du mode selon lequel j'ai traité chaque mot en particulier, et de l'ordre constant que j'ai suivi
en ce traitement, de façon que celui qui ferait une recherche ne fût jamais dérouté. Ce tableau, que je viens de relire,
est excellent; et s'il m'avait été possible, c'est ma plainte
perpétuelle, de l'avoir de bonne heure sous les yeux, il
m'eût épargné la perte de bien des heures, et aussi quelques angoisses. Mais, loin d'être un antécédent, il fut un

conséquent ; et je ne l'obtins ainsi clair et déterminé qu'au prix de maint essai avorté et de maintes fausses routes. Celui qui considère mes quatre volumes, leurs milliers de pages et leurs trois colonnes, estime certainement que beaucoup de temps a été employé à tout cela ; mais ce dont il ne se doute pas, c'est combien de temps, dont il ne reste aucune trace, a été enfoui en recherches vaines et sans résultat, en retours sur les pas faits, en remaniements et en reprises.

Moins préparé que je ne croyais l'être, mais pourtant préparé assez pour ne pas m'égarer, je commençai la rédaction et la menai à terme. Ce fut long, et j'y employai non des mois, mais des années. Il en résulta une œuvre non petite qui, dans mon inexpérience de moi-même et de mes conditions mentales, me sembla définitive. Je ne savais pas alors aussi bien que je le sais maintenant, qu'avec moi le définitif ne s'obtient pas si facilement. Combien ma satisfaction prématurée devait être châtiée ! et combien j'étais encore loin du terme que je croyais avoir atteint ! Cette masse de papier allait être doublée, triplée, peut-être quadruplée ; je n'ai pas tenu un compte exact, mais le fait est que cette première rédaction disparut comme un embryon dans la seconde.

Mon désillusionnement s'opéra quand il fallut enfin donner de la copie (c'est le mot technique) à l'imprimerie. Tous les auteurs ne se comportent pas de la même manière à l'égard de la copie. Quelques-uns la livrent telle qu'elle doit demeurer ; elle est du premier coup achevée et aussi parfaite que le veut le talent de chacun ; l'épreuve ne reçoit d'eux que des corrections typographiques ; ils sont la joie du metteur en pages, n'occasionnent ni remaniements ni retards. Auguste Comte et Armand Carrel, parmi ceux que j'ai vus travailler, ont été des modèles en cette manière de faire : tout était si nettement arrêté en leur esprit, qu'ils ne changeaient plus rien ni à la pensée, ni au tour, ni à l'expression. D'autres ne voient dans l'épreuve qu'un brouillon taillable et raturable à merci, et ils le taillent et le raturent ; une nouvelle épreuve arrive, nouvelle occasion de recommencer le travail de la correction, et ils ne parviennent à se satisfaire qu'au prix de plusieurs épreuves et des malédictions du typographe. D'autres enfin tiennent le milieu : ils ne sont ni aussi arrêtés que les premiers, ni aussi flottants que les seconds. J'étais de cette dernière catégorie, avec tendance pourtant à laisser sortir de mes mains une copie non suffisamment préparée. Mais, un jour que sur une épreuve j'avais beaucoup effacé et remanié, M. J.-B. Baillière, qui fut pour mon *Hippocrate* ce que M. Hachette fut pour mon *Dictionnaire*, me fit observer que ces ratures et ces remaniements étaient un travail perdu, ennuyeux à l'imprimeur, coûteux à l'éditeur, et qu'il serait préférable pour tout le monde d'achever davantage la copie, et de réserver les remaniements aux cas indispensables. Le raisonnement me parut sans réplique ; et, comme je suis corrigible, ayant de bonne heure compris qu'il était peu sage de répondre aux suggestions d'amendement : « Je suis comme cela, » j'ai depuis toujours eu à cœur, selon la capacité de mon esprit, de conduire au plus près du définitif ma copie, avant de m'en dessaisir. C'était ce que je croyais avoir fait en ce que j'appellerai la première édition manuscrite de mon dictionnaire ; mais, au faire et au prendre, elle ne fut qu'un canevas.

Instinctivement, c'est-à-dire sous l'empire d'une crainte vague d'être insuffisant à ma tâche, je reculais le commencement de l'impression. Au contraire, M. Hachette avait hâte de mettre en train une opération qui devait durer bien des années. Puis il était en pourparler avec un professeur de l'Université disposé à collaborer avec moi, mais qui, si l'on renvoyait trop loin le début, chercherait ailleurs emploi de ses quelques loisirs. C'était M. Beaujean, aujourd'hui inspecteur d'académie. La suite de mon récit montrera combien M. Hachette avait raison et était prévoyant en ne laissant pas échapper pour moi cette collaboration. Par un autre côté aussi, ses instances se justifiaient hautement; car il devenait de plus en plus urgent qu'une nécessité extérieure, inexorable me contraignît à faire appel à toutes les ressources de mon esprit, et que je cessasse de reculer devant la lourdeur du fardeau, à l'égal de la bête d'Horace, *iniquæ mentis asellus*.

Poussé, pressé, je me décidai à prendre en main mes papiers bien numérotés et bien ficelés par paquets, et à préparer de la copie définitive pour l'imprimerie. Quel ne fut pas mon désespoir, le mot n'a rien d'exagéré, quand je me convainquis qu'en l'état je n'avais aucun moyen de fournir de la copie en quantité et en qualité suffisantes à une imprimerie qui allait en consommer beaucoup ! Justement je débutais par la préposition *à*, qui est le mot le plus difficile, je crois, de tout le dictionnaire. La perspective fut décourageante. C'était celle d'une impression qui marcherait avec lenteur, si bien que ni moi ni mon éditeur, qui n'étions plus jeunes, n'en verrions la fin. La perte eût été grande pour lui; pour moi, c'était un désastre infini, matériellement sans doute, mais surtout moralement. Alors il me souvint de la nuit d'angoisse et d'insomnie que j'avais passée quand je pris la résolution qui tournait si mal, et je me repentis.

L'oubli presque inconcevable et fort malencontreux d'une précaution toute matérielle aggravait encore mes difficultés. Je n'avais pas eu le soin de mettre et de faire mettre, en cette rédaction que je prenais pour la relire et la livrer, chaque signification et chaque exemple sur un papier séparé. Et maintenant, avec une pareille copie, comment opérer les classifications, les rectifications, les additions de la masse énorme de matériaux recueillis postérieurement ? Il fallait beaucoup recopier; et recopier beaucoup en un travail où les écritures tenaient tant de place, allongeait une besogne déjà trop longue. Ainsi cerné de tous côtés, je tombai dans le découragement.

Il n'est rien de tel que d'être dans une mauvaise position pour avoir de mauvaises pensées. J'essayai de me persuader que mon dictionnaire, tout imparfait qu'il était en cette première rédaction, l'emportait par de véritables avantages sur les dictionnaires précédents, et que cela devait me suffire. En cette façon, je procédais par la flatterie envers moi-même pour me décider à déserter mon œuvre, et pour me résigner, tout en voyant le mieux et le plus, au pire et au moindre... Commencer aussitôt l'impression, la pousser rapidement et terminer en un délai relativement court, quelle tentation ! mais aussi quelle chute devant ma propre conscience et devant mon devoir à l'égard de mon éditeur !

*Hanc demum litem melior natura diremit.*

Ma meilleure nature, en effet, mit fin à la contention intestine dont j'étais à la fois le siège et le juge. J'eus honte de ma faiblesse ; j'eus honte de la flatterie par laquelle j'essayais de me corrompre et d'endormir mes scrupules ; j'eus honte de ne pas placer les intérêts de mon éditeur sur le même niveau que les miens ; j'eus honte enfin de ne pas exécuter mon plan dans sa conception pleine et entière, abandonnant la saine et loyale espérance de produire, en un domaine aussi rebattu que celui de la lexicographie, un dictionnaire vraiment original, et de mériter, moi aussi, quelque gratitude de la part des travailleurs. Ces réflexions et ces reproches me rendirent l'empire sur moi-même. Et bien m'en prit. Les éléments instructifs, curieux, historiques, abondent dans mon dictionnaire. Plus d'une fois il m'est revenu que, cherchant un mot, le chercheur s'attarda et suivit la

lecture comme il eût fait d'un livre ordinaire et courant.
J'avoue que ces dires n'ont jamais manqué de

Chatouiller de mon cœur l'orgueilleuse faiblesse.

Toute cette récompense était perdue, si j'avais miséra-
blement faibli.

Les conseils bons et honnêtes ayant ainsi prévalu, j'ap-
pliquai toutes les forces de mon esprit et de mon courage
à surmonter les obstacles dressés devant moi. Je vis bientôt et avec toute certitude le point décisif de ma situation :
il était indispensable, mais il était suffisant, pour me
mettre au-dessus de mon affaire, que je prisse sur l'imprimerie une avance, fût-ce seulement de quelques semai-
nes, qui me permît, sans arrêter jamais ou même ralentir
la composition, de grossir, au fur et à mesure de mes remises à mon metteur en pages, mon canevas de tout ce
que j'avais amassé, d'en remanier les divisions au gré de
mes notes, et de le réformer sans rien rabattre de mes
meilleures ambitions. Cette avance, je devais la gagner
en préparant chaque semaine un peu plus de copie que
l'imprimerie n'en consommait. Comment je réussis à faire
ces petites épargnes qui, accumulées, me constituèrent un
fonds complet de roulement, c'est ce que j'expliquerai
après avoir exposé d'abord de quelle façon le travail de
l'impression (car je la commençai intrépidement) fut or-
ganisé de concert avec mes collaborateurs.

Ils étaient au nombre de quatre : MM. Beaujean, Jullien,
Sommer et Baudry ; dans le cours de l'œuvre, M. Sommer
mourut et fut remplacé par M. Despois ; M. le capitaine
d'artillerie André, plus tard, m'offrit son aide, que j'accep-
tai de grand cœur. Tels furent mes collaborateurs régu-
liers, sans parler de plusieurs volontaires qui, à un jour
ou à un autre, pour ceci ou pour cela, me fournirent gra-
cieusement des renseignements fort appréciés. Je ne ré-
péterai pas ici l'expression de ma reconnaissance, que

j'ai consignée dans la préface de mon dictionnaire. Non qu'elle se soit affaiblie ; loin de là, elle est plus sentie aujourd'hui qu'au moment même. Alors j'étais dans l'effort de l'enfantement et la fièvre de l'incertitude ; aujourd'hui un succès bien établi me fait toucher du doigt combien ils m'y ont aidé. En vérité, dans un ouvrage aussi complexe que le mien, plus on a de collaborateurs, plus on évite de fautes, d'imperfections, de lacunes, surtout quand ces collaborateurs sont gens d'un grand savoir, qu'ils mettent sans réserve au service de la collaboration.

Voici comment l'ordre de la besogne était réglé entre moi, mes collaborateurs et mon organe indispensable, le typographe. Je remettais un lot de copie à M. Beaujean. Il le paraphait et l'envoyait à l'imprimerie. Mais je n'ai pas encore dit que cette imprimerie était celle de M. Lahure. M. Hachette l'avait désignée comme grand établissement pour un grand ouvrage. En même temps il s'y était assuré d'un bon metteur en pages et de bons ouvriers. Quand ils eurent sous les yeux un premier échantillon de mon manuscrit, ils refusèrent de s'en charger aux conditions ordinaires de la composition, et ils demandèrent une augmentation de prix, qui leur fut accordée par M. Hachette. Ils n'arguèrent, pour fonder leur réclamation, ni de la mauvaise écriture, ni des ratures, ni des difficultés de lecture ; mais ils déclarèrent que ce qui accroissait leur besogne et justifiait leur exigence était le vieux français de l'historique, qui ne pouvait être composé couramment comme le reste. Avant de formuler leur demande, ils avaient soumis l'affaire à une sorte de conseil arbitral formé d'ouvriers, qu'ils nomment *le Comité,* et qui prononça en leur faveur.

En retour du lot de copie, M. Beaujean recevait un premier placard dont il corrigeait les fautes. Avec celui-là l'imprimerie faisait un second placard. M. Beaujean le lisait, le corrigeait derechef, et inscrivait en marge ses observations. C'est ce second placard ainsi annoté qui m'était adressé. Il était formé de quatre colonnes de texte, équivalant à quatre colonnes de ce qui est aujourd'hui le dictionnaire.

Ce même second placard était, en même temps qu'à M. Beaujean, envoyé à mes autres collaborateurs et soumis à leur examen. Leurs observations ne négligeaient rien, depuis l'humble faute typographique jusqu'aux points les plus élevés de la langue, de la grammaire, de l'étymologie. Plus d'une fois j'ai frémi en voyant de quelles erreurs, qui m'avaient échappé, j'étais préservé par la scrupuleuse attention de mes réviseurs.

Quand j'avais sous la main tous ces matériaux de correction, y compris parfois des notes personnelles que je pouvais avoir recueillies depuis l'envoi de la copie jusqu'à la venue du second placard, je me mettais à la besogne. Je lisais d'abord le placard pour moi et sans consulter le travail de mes collaborateurs, et je le corrigeais à mon point de vue. Puis je prenais M. Beaujean, puis M. Jullien, puis M. Sommer, et après lui M. Despois, puis M. Baudry, puis le capitaine André. Tout allait bien tant que les observations n'exigeaient ni un examen prolongé, ni une rédaction secondaire, ni des additions, ni des retranchements. Mais quand venaient celles qui soulevaient des questions épineuses, ou que je ne pouvais recevoir sans refaire mon texte, alors il me fallait réfléchir longuement pour prendre un parti et mettre résolument la main à la refonte de telle ou telle portion de l'article incriminé. Rien n'était plus laborieux que la correction de certains de ces placards prédestinés. On en jugera quand on saura que maintes fois ils ne quittaient mon bureau qu'accrus d'un cinquième ou d'un quart. Sans doute le plus long était le travail intellectuel qu'ils me demandaient ; mais, ajouterai-je, cette minutie qui, en fin de compte, n'en était pas une ? le travail matériel était long aussi, obligé que j'étais d'ajuster sur le placard notes et bouts de papier, de manière que l'imprimerie pût se reconnaître dans le dédale. Combien de fois, quand j'étais au plus fort de mes embarras, n'ai-je pas dit, moitié plaisantant, moitié sérieux : « O mes amis, ne faites jamais de dictionnaire ! » Mais dépit vain et passager ! C'est le cas d'appliquer le dicton picard rapporté par La Fontaine dans sa fable du *Loup, la Mère et l'Enfant :*

> Biaux chires leups, n'écoutez mie
> Mère tenchent chen fieux qui crie.

Un tel placard si surchargé en exigeait un nouveau. Je le demandais donc, vérifiais les corrections, et l'adressais ainsi vérifié à M. Beaujean, qui donnait la mise en pages. C'était un grand pas ; il avait coûté beaucoup de labeur, et un labeur tantôt très minutieux, tantôt très relevé.

L'imprimerie ne se faisait pas attendre, et une première épreuve de mise en page arrivait à M. Beaujean, qui la lisait, y inscrivait ses observations et me l'envoyait. Autant en faisaient mes autres collaborateurs, qui recevaient aussi cette mise en pages. Ceux qui ont beaucoup imprimé (et je suis du nombre ; honni soit qui mal y pense ; un jour M. Wittersheim, imprimeur et directeur du *Journal officiel,* que je remerciais de je ne sais quoi, remarqua qu'un imprimeur devait être gracieux à qui avait tant occupé la presse), ceux, dis-je, qui impriment beaucoup ont éprouvé que bien des choses qui échappent en placard apparaissent visibles dans la mise en pages. Chaque nouvel arrangement a sa lumière. J'étais certainement satisfait quand cette lumière m'invitait à quelque rectification ou addition de bon aloi ; mais je l'étais encore plus si aucune modification du texte imprimé ne s'imposait ; car en présence d'un changement nécessaire, mes transes commençaient, tenu que j'étais à me restreindre dans les limites de la composition, et à ne pas occasionner des remaniements toujours difficiles et coûteux, quand ils forcent le cadre d'une mise en pages. La plupart du temps, j'y réussissais à grand renfort de combinaisons et d'artifices de rédaction, comptant les lettres que je supprimais et les lettres par lesquelles je les remplaçais, et heureux quand le total était ce qu'il fallait. Des heures entières s'y employaient; mais en fin de compte, à force de dextérité, je rendis très rares les cas extrêmes où les remaniements ne purent être évités. Ce que j'ai ainsi consumé d'efforts, de patience, d'ingéniosité et de moments, il y a longtemps que je l'ai pardonné à ces laborieuses minuties; car, à un point de vue plus général, elles n'ont pas été sans me servir, disciplinant mon esprit enclin aux généralités et l'obligeant à se faire sa provision régulière de faits grands et petits.

Quelque soigneuse que fût l'imprimerie, ces pages étaient, d'ordinaire, trop surchargées pour que je ne tinsse pas à vérifier moi-même si tout était bien comme je l'avais indiqué. Cette vérification faite, j'adressais l'épreuve à M. Beaujean, qui enfin donnait le bon à tirer. Régulièrement il s'écoulait deux mois entre la remise de la copie et ce bon à tirer définitif. L'intervalle était long; mais, à voir équitablement les choses, à considérer par combien de mains l'épreuve passait, et à tenir compte des vues et des suggestions de chacun, on jugera qu'il n'était guère possible de demander plus de célérité ni à l'imprimerie, toujours pourvue de besogne, ni à M. Beaujean, cheville ouvrière, ni à moi, réviseur général. Quand il fut bien constaté que telle était la vitesse moyenne, je pus, en faisant l'estimation de l'accroissement de ma copie, calculer approximativement de combien d'années j'aurais besoin (car c'était par années qu'il fallait compter) pour atteindre l'achèvement, à supposer qu'il ne survînt aucune de ces males chances sans lesquelles les choses humaines ne vont guère. Je craignais la maladie pour moi ou pour les miens, la perte de papiers égarés, l'incendie; ce fut la guerre, à laquelle je ne songeais pas, qui m'interrompit.

L'impression, commencée dans le dernier quart de 1859, finit en 1872. Elle dura donc un peu plus de treize ans. En 1859, j'avais près de cinquante-neuf ans; en 1872, soixante et onze. Cet espace de vie humaine, long à tout âge, l'est relativement bien plus à la fin de l'existence. Pourtant je le passai sans encombre et sans ralentissement. Mais l'inclémence du sort sévit par les événements extérieurs; la guerre de 1870 me fit perdre un an tout entier. Je me rends cette justice qu'en présence des dangers et des désastres de la patrie je ne conservai aucune pensée pour l'interruption ou la ruine (car le pire était en perspective) de mon œuvre. Mes préoccupations étaient ailleurs. Hippocrate, qui fut ma première étude, nous apprend qu'une douleur plus forte amortit une douleur moindre. La douleur moindre fut le dictionnaire, et elle fut amortie. En réalité, déduction faite de l'année de la guerre, passée dans l'oisiveté de l'angoisse, l'impression avait demandé douze ans.

L'intervalle des deux mois nécessaires à l'imprimerie pour amener de l'état de copie à l'état de bon à tirer un lot de mon manuscrit fut mon salut; car il me permit de gagner sur elle. La condition du succès gisait en ceci que, pour chaque intervalle de deux mois, la masse de copie consommée par l'imprimerie serait moindre que la masse de copie que j'aurais préparée et conduite à l'état satisfaisant. Cet état satisfaisant consistait à intercaler tous les matériaux qui étaient amassés ou qui s'amassaient au fur et à mesure selon un plan déterminé, à me servir du dépouillement de tous les dictionnaires patois que j'avais pu me procurer, et à mettre à contribution plus que je n'avais fait les vastes recueils de Lacurne Sainte-Palaye et de Pougens, en un mot à transformer en texte définitif et

répondant de tout point à mes vues cette première ébauche
que, dans ma présomption, j'avais imaginée suffisante en
quantité et en qualité. C'était beaucoup de besogne; mais,
par une compensation qui m'animait d'un grand courage,
mes tâtonnements m'avaient servi; je procédais avec
sûreté, et rien de ce nouveau travail n'était ni livré au
hasard, ni perdu. A mesure que je gagnai sur l'imprimerie
en la façon que j'ai indiquée, ma réserve de copie toute
prête grossit, et dès lors je fus assuré de demeurer vain-
queur en cette lutte. L'imprimerie n'y avait point d'efforts
extraordinaires à faire; elle n'avait qu'à être régulière,
avec sa quantité de travail bien mesurée et son équipe
bien dressée; elle le fut. Mais à moi, c'était un effort
extraordinaire de tous les jours qui m'était demandé, et
cela pendant des années. Si je m'étais relâché, je com-
promettais mon avance, et je retombais dans les difficultés, voire dans les impossibilités, comparable au rameur
de Virgile qui remonte le courant d'une rivière rapide,
et qui

si brachia forte remisit,
Atque illum in præceps prono rapit alveus amni.
(Georg., I, 202.)

Pour tenir tête à la consommation grande et ininter-
rompue de l'imprimerie, j'avais besoin d'un atelier qui
disposât les matériaux, dégrossît la besogne, écartât les
difficultés, soit matérielles, soit extrinsèques, et me pro-
curât toute liberté d'esprit pour bien étudier mon objet,
grand ou petit selon l'importance du vocable, et en conformer la rédaction au plan général, aux documents qui
y afféraient, aux divisions souvent multiples qu'il convenait d'y établir, et aux considérations variées, difficiles,
subtiles (car tout cela pouvait se rencontrer) qu'il suggérait. M. Hachette n'opposa aucune objection à mes
projets. Il m'aurait facilement trouvé des auxiliaires pour
le service requis. Mais une autre combinaison me sourit

davantage : ce fut de prendre pour auxiliaires ma femme
et ma fille, qui, témoins de mes perplexités, s'offraient de
tout cœur à me venir en aide. Cet arrangement domesti-
que avait, sur celui qui aurait appelé des étrangers, une
supériorité que j'appréciais beaucoup : ces auxiliaires d'un
genre nouveau étaient constamment à côté de moi, m'in-
terrogeaient sur ce qui les arrêtait, et recevaient immédiatement et sur place toutes les instructions que le
courant de la besogne suggérait. Pour cet office, M. Hachette mit à ma disposition 2,400 francs par an. Douze
cents étaient pour ma femme et ma fille, douze cents
pour moi ; car nous avions, tous les trois, besoin d'une
indemnité temporaire : ma femme et ma fille passaient
moins de temps pour les soins de leur ménage, et moi,
avec le courant absorbant du dictionnaire, je n'avais plus
de moments pour certaines occupations accessoires qui
me servaient à joindre, comme on dit, les deux bouts. Le
*res angusta domi* dominait la situation, et j'en acceptais
volontiers toutes les conséquences, c'est-à-dire le travail
et l'économie ; le travail, soumis toutefois à cette règle
qu'il ne m'imposât jamais une besogne qui me déplût ou
me répugnât ; et l'économie, dirigée autant que possible de
manière que le présent ne fût pas complètement sacrifié
à l'avenir. Du reste, cette somme annuelle de 2,400 francs
était simplement une avance : elle figura dans la dette des
quarante et quelques mille francs que je contractai envers
M. Hachette et dont il sera parlé plus loin.

A ma femme maladive et débile, une somme mesurée
de travail était seule possible et même permise de par la
médecine. Mais ma fille, jeune et pleine d'ardeur, consacra
désormais son temps au service du dictionnaire. Cela était
facile à la campagne, où nous ne recevions guère de visi-
teurs que le dimanche, jour d'ailleurs consacré au repos,
excepté par moi, qui, donnant à mes hôtes le milieu de la
journée, employais, comme d'habitude, la matinée et la

nuit. La difficulté était plus grande à Paris, où la vie est plus dérangée. Néanmoins, tout compensé, et des réserves étant faites pour des distractions plus utiles que jamais, comme le *nulla dies sine linea* du dicton latin était pratiqué à la lettre, la construction de mon édifice lexicographique procéda avec la continuité qui seule mène à fin les grandes besognes. Les coups de collier intermittents, quelque énergiques qu'ils soient, y valent peu; ce qui y vaut, c'est l'assiduité qui ne s'interrompt jamais.

Mon atelier et moi nous procédions ainsi : je notais sur le *Dictionnaire de l'Académie française* quinze de ses pages; c'était la tâche pour quinze jours. De la sorte, je pus, à la condition d'être fidèle à ma consigne de travail, connaître exactement quand j'aurais terminé ma refonte. Dans ce premier dictionnaire que j'avais rédigé et qui n'était plus qu'une humble ébauche, fort utile néanmoins, je prenais la péricope correspondant aux quinze pages de l'Académie, et je la remettais à ma femme et à ma fille. Elles en transformaient les feuillets de manière que j'en pusse faire de la copie, c'est-à-dire qu'elles mettaient sur autant de feuillets séparés tous les accidents du mot, toutes ses acceptions et tous ses exemples. En même temps elles avaient sous les yeux quelques lexiques, entre autres le grand Pougens, où j'avais noté au crayon ce qui se référait à nos quinze pages susdites.

Cette préparation préliminaire de la copie n'allait pas sans ces difficultés propres relatives aux citations, qui, parfois incomplètes, obscures, trop courtes, trop longues, n'en avaient pas moins été incorporées telles quelles dans mon canevas. J'étais devenu bien plus exigeant. Afin de remédier à des défauts sur lesquels dorénavant j'avais les yeux trop ouverts pour ne pas les pourchasser impitoyablement, il fallait rechercher les passages dans les auteurs, qui, à cet effet, étaient sous la main de mes auxiliaires. Cela d'ordinaire n'exigeait pas grand temps; mais ce qui en exigeait beaucoup, c'est quand la citation était fausse ou vague, par exemple Massillon ou Bourdaloue, sans rien autre. Alors je me rappelais l'avis de M. Hachette, qui voulait que le dictionnaire ne citât jamais avec plus de précision; mais, quand même il n'eût pas été trop tard pour m'y conformer, je n'en persistais pas avec moins de fermeté dans ma prétention à une exactitude systématique. C'était ma fille qui était particulièrement chargée de retrouver ces citations perdues ou informes. Peu à peu, à force de parcourir Massillon, Bourdaloue, Molière et les autres, elle devint fort experte en ce genre de recherches, et rarement elle dut renoncer, de guerre lasse, à mettre la main sur le passage qui avait été mal ou insuffisamment indiqué. Un grand dénicheur de fautes de tout genre en fait de citations me vint en aide : ce fut l'un de mes collaborateurs, M. Baudry, aujourd'hui mon confrère à l'Académie des inscriptions et belles-lettres. Placé dans une bibliothèque publique ample et riche, dès qu'il soupçonnait un exemple, il n'hésitait pas, sans plaindre sa peine, à recourir aux originaux, aux textes, aux tables qu'il avait sous la main. Il était particulièrement ma providence pour déterminer les éditions dont, sans les spécifier, je m'étais inconsciemment servi sur la foi d'autrui.

Moi-même je prenais part pour certains textes aux recherches de précision. Celui qui avait dépouillé pour moi les quarante-deux volumes de la grande édition de Bossuet, avait désigné d'une façon peu intelligible pour d'autres que pour lui plusieurs ouvrages de l'évêque de Meaux, les sermons, les petits traités et quelques autres. N'ayant pas chez moi les quarante-deux volumes, je notais sur un carnet les exemples à chercher, et les vendredis, jours des séances de l'Académie des inscriptions et belles-lettres, auxquelles j'étais alors très assidu, et dont aujourd'hui une maladie douloureuse et sans relâche m'interdit l'accès, je feuilletais curieusement mon Bossuet, que la bibliothèque de l'Institut mettait à ma disposition. Que d'heures furent ainsi consumées par mes auxiliaires et par moi en des investigations dont plusieurs auraient pu être épargnées par quelques précautions de plus dans le dépouillement des auteurs ! Mais, d'une part, il est difficile pour moi surtout de prévoir de loin toutes les occasions des mécomptes ; et, d'autre part, venant après coup, ces investigations rétrospectives avaient l'avantage de me familiariser utilement avec les moindres détails de mon œuvre. L'expérience m'a enseigné que rien ne vaut autant pour moi que d'être contraint à repasser minutieusement sur le travail déjà exécuté.

Mes tâches bi-hebdomadaires, bien que matériellement d'égale longueur pour le nombre de pages prélevé chaque fois sur le *Dictionnaire de l'Académie*, étaient, en réalité, souvent fort inégales : inégalité qui advenait quand se trouvait dans la péricope un mot à beaucoup d'acceptions. Un mot à beaucoup d'acceptions était la plus grande des difficultés que je rencontrais sur ma route. Deux causes principales y concouraient. La première gisait dans la règle que je m'étais faite, règle excellente et qui est une des originalités de mon dictionnaire, de ranger les acceptions dans leur ordre naturel, c'est-à-dire en commençant par la plus directe et en terminant par la plus détournée. Or, en ces gradations à peine sensibles ou bien s'enchevêtrant par quelque côté, je ne crains pas de dire qu'il fallait bien des subtilités de discrimination pour faire honneur aux subtilités effectives du langage. La seconde gisait dans le classement, sous chaque numéro d'acception différente, des exemples qui, eux aussi, avaient leur ambiguïté et leurs contacts multiples ; car ils n'avaient pas été écrits par les auteurs pour être classés sous des rubriques lexicographiques, et les nuances de l'esprit individuel qui s'y imprégnaient contrariaient les opérations nécessairement plus générales du classificateur. La malchance de l'ordre alphabétique voulut que, pour mon début, j'eusse à traiter la préposition *à*, mot laborieux entre tous et dont je ne me tirai pas à ma satisfaction. Plus loin, ayant acquis plus d'expérience et rencontrant le verbe *faire*, qui, à ce point de vue, n'est guère moins redoutable, j'obtins un meilleur succès ; et, quand un de mes bons amis, M. le docteur Michel Lévy, médecin en chef du Val-de-Grâce et auteur d'un grand traité d'hygiène, répondant à quelqu'un qui me louait de je ne sais plus quel travail, assura que rien n'équivalait, pour le mérite de la difficulté vaincue, à ma rédaction du verbe *faire* en mon dictionnaire, j'accueillis avec une vive satisfaction ce témoignage inattendu, qui répondait le mieux à mes appréhensions comme à mes espérances. Son souvenir me rappelle combien d'amis très chers j'ai perdus, et que de vides se sont faits autour de moi; la vie serait moins dure si l'on vieillissait de compagnie ; mais passons. Mon opiniâtreté à soumettre à la recherche tout ce qui me paraissait suspect croissait avec les obstacles, loin de faiblir ; j'en étais quitte pour prolonger ma veille habituelle au delà de trois heures du matin, qui était mon heure réglementaire.

Ce règlement comprenait les vingt-quatre heures de la journée, dont il était essentiel que le moins possible fût donné aux exigences courantes de l'existence. Je m'étais arrangé, en sacrifiant toute sorte de superflu, à avoir le luxe d'une habitation de campagne et d'une habitation de ville. L'habitation de campagne était à Ménil-le-Roi (Seine-et-Oise), petite et vieille maison, jardin d'un tiers d'hectare, bien planté, productif en fruits et en légumes, qui, comme au vieillard de Virgile, *dapibus mensas onerabat inemptis*. Là, dans une quasi-solitude (car mon village est à l'écart du courant des Parisiens qui s'échappent les dimanches de la grande ville), il était aisé de disposer des heures. Je me levais à huit heures du matin; c'est bien tard, dira-t-on, pour un homme si pressé. Attendez. Pendant qu'on faisait ma chambre à coucher, qui était en même temps mon cabinet de travail (vieille et petite maison, ai-je dit), je descendais au rez-de-chaussée, emportant quelque travail; c'est ainsi que, entre autres, je fis la préface de mon dictionnaire. Le chancelier d'Aguesseau m'avait appris à ne pas dédaigner des moments qui paraissent sans emploi, lui que sa femme inexacte faisait toujours attendre pour le dîner, et qui, lui présentant un livre, lui dit : « Voilà l'œuvre des avant-dîners. » A neuf heures, je remontais et corrigeais les épreuves venues dans l'intervalle jusqu'au déjeuner. A une heure je reprenais place à mon bureau, et là, jusqu'à trois heures de l'après-midi, je me mettais en règle avec le *Journal des savants,* qui m'avait élu en 1855, et à qui j'avais à cœur d'apporter régulièrement ma contribution. De trois heures à six heures je prenais le dictionnaire. A six heures je descendais pour le dîner, toujours prêt; car ma femme ne faisait pas comme M^{me} d'Aguesseau. Une heure y suffisait environ. On recommande en précepte hygiénique de ne pas se mettre à l'ouvrage de cabinet immédiatement après le repas. J'ai constamment enfreint ce précepte, après expérience faite que je ne souffrais pas de l'infraction : c'était autant de gagné, autant d'arraché aux nécessités corporelles. Remonté vers sept heures du soir, je reprenais le dictionnaire et ne le lâchais plus. Un premier relais me menait à minuit, où l'on me quittait. Le second me conduisait à trois heures du matin. D'ordinaire, ma tâche quotidienne était finie. Si elle ne l'était pas, je prolongeais la veille, et plus d'une fois, durant les longs jours, j'ai éteint ma lampe et continué à la lueur de l'aube qui se levait.

Mais ne transformons pas l'exception en règle. Le plus souvent trois heures était le terme où je quittais plume

et papier et remettais tout en ordre, non pas pour le lendemain, car le lendemain était déjà venu, mais pour la
tâche suivante. Mon lit était là qui touchait presque à
mon bureau; et en peu d'instants j'étais couché. L'habitude
et la régularité (remarque physiologique qui n'est pas
sans intérêt) avaient éteint toute excitation de travail.
Je m'endormais aussi facilement qu'aurait pu faire un
homme de loisir; et c'est ainsi que je me levais à huit
heures, heure de plusieurs paresseux. Ces veilles noc-
turnes n'étaient pas sans quelque dédommagement. Un
rossignol avait établi sa demeure en une petite allée de
tilleuls qui coupe transversalement mon jardin, et il em-
plissait le silence de la nuit et de la campagne de sa voix
limpide et éclatante. Oh! Virgile, comment as-tu pu, toi,
l'homme des *Géorgiques,* faire un chant de deuil, *misera-
bile carmen,* de ces sons si glorieux?

A la ville, le temps était moins réglé. La journée avait
des allants et venants et des dérangements imprévus.
Mais, le soir, je redevenais mon maître complètement;
ma nuit m'appartenait, et je l'employais exactement
comme à Ménil-le-Roi; nuits d'hiver où manquaient et
mon rossignol familier, et la vue de la campagne, et l'ho-
rizon étendu, mais qui avaient leur silence même dans
Paris, alors que vers deux ou trois heures tout s'y taisait,
et qui se passaient l'une après l'autre dans le recueille-
ment du travail.

Mon ami M. Barthélemy Saint-Hilaire, dont les habitudes laborieuses ne sont pas moindres que les miennes,
les a toutes différentes. Hiver comme été, il se lève de
grand matin et se couche de bonne heure. Aussi ai-je dit
souvent en plaisantant que, si nous habitions la même
maison, nous nous rencontrerions sur l'escalier, lui se
levant et allant à sa besogne, moi me couchant et quittant
la mienne. Plus heureux que moi, il jouit d'une verte et
robuste vieillesse, qui n'a rien changé à ses heures d'ac-

tivité et qui lui permettra de mener à bonne fin sa grande traduction d'Aristote. A la vérité, il est mon cadet de quatre ans et demi ; et il y a quatre ans et demi j'étais encore assez vaillant, quoique moins que lui. J'espère que cet intervalle de temps ne lui apportera aucun dommage, et qu'il restera un des privilégiés de la vieillesse. Certes, je lui envie ce bien-être du grand âge ; mais je serais bien chagrin si, par quelque méchant tour de la nature, il cessait de mériter que je lui porte ce genre d'envie[1].

Depuis 1860 jusqu'au terme de l'impression, c'est-à-dire pendant douze ans, je n'ai jamais manqué à la discipline que je m'étais imposée. Je ne dirai pas que des impatiences de finir ne me prissent en certains moments de lassitude physique ou mentale. Mais, chose assez singulière, ce ne fut pas quand la masse de travail, entamée de peu, semblait décourageante par son énormité ; ce fut quand elle diminua sensiblement et que j'approchai de la terminaison. Alors je m'irritais contre la lenteur des étapes qui me restaient à parcourir ; je comptais et recomptais ce que j'avais encore de pages à rédiger et d'heures à y mettre. Puis, me gourmandant de ma faiblesse, je revenais au cours régulier de mes journées et de mes nuits, qui ne m'avaient pas conduit si loin pour me laisser défaillir à la dernière portion du chemin et à la vue même du but. Défaillir quelque peu a sa compensation : c'est l'exhortation de soi-même à soi-même. Rien de tel pour s'entretenir dans les bonnes pensées et les fermes propos, que de se faire de temps en temps un sermon en règle qui touche au vif des choses et au vif du caractère. Alors aucun prédicateur ne nous vaut pour nous fermer la bouche et nous ouvrir les yeux.

1. M. Barthélemy Saint-Hilaire est mort le 24 novembre 1896, âgé de quatre-vingt-onze ans, et ayant travaillé jusqu'à son dernier jour. La traduction d'Aristote, dont il est parlé plus haut, était terminée depuis quatre ans. (Note de l'éditeur.)

Il y eut pourtant une infraction. Elle fut assez considérable et assez caractéristique pour que je ne la passe pas sous silence. Au moment où je commençais à être dans la pleine activité du travail, en 1861, la veuve d'Auguste Comte me demanda d'écrire la vie de son mari, assurant que j'étais celui qui, vu toutes les circonstances, pouvait l'écrire avec les meilleures informations, et mettant à ma disposition ses souvenirs et ses papiers. Je refusai longtemps, objectant mon dictionnaire qui m'absorbait tout entier, et promettant de me consacrer sans réserve, dès qu'il serait achevé, à l'œuvre qu'elle réclamait de moi, comme le devoir d'un disciple demeuré vivant à l'égard du maître mort. M^me Comte, avec plus de raison que je ne croyais alors, pensa que c'était ajourner trop loin ma promesse. Nos discussions là-dessus furent orageuses, car je sentais combien il m'était difficile de la satisfaire, et une rupture entre nous devint imminente. Enfin son opiniâtreté vainquit la mienne. Ses appels à la reconnaissance envers le fondateur de la philosophie positive et envers cette philosophie elle-même triomphèrent de mes difficultés, que j'essayai de ne plus considérer comme des impossibilités, et j'adjoignis à l'urgence de mon dictionnaire l'urgence de cette nouvelle charge qui m'advenait d'une façon inattendue.

Dès lors j'eus à modifier l'ordre de mon travail et à y intercaler la composition de *A. Comte et la Philosophie positive* : c'est le titre de l'ouvrage qui sortit de ma transaction avec sa veuve. Je jugeai qu'il me faudrait à peu près un an pour cette composition ; et l'exécution n'infligea point de démenti à mon évaluation. Quant à l'impression, qui dura environ autant, elle ne m'inquiétait pas ; car la correction des épreuves appartenait, comme je l'ai dit, à mes matinées, et y ajouter celle-là n'était pas assez onéreux pour déranger mon temps. A la mise en train de l'œuvre elle-même, j'hésitai entre deux partis : ou bien

interrompre pendant une année la refonte de mon dictionnaire (j'étais assez en avance du côté de l'imprimerie pour
qu'elle me laissât ce délai et ne vînt pas trop tôt me ta-
lonner derechef), ou bien me borner à diminuer quelque
peu les heures attribuées au dictionnaire, et prendre sur
ce retranchement la Vie d'Auguste Comte. Heureusement
je m'arrêtai à ce dernier parti. L'autre aurait été désas-
treux; il eût allongé d'un an entier le temps déjà si long
de l'impression, et ajourné, au lieu de la fin de 1872, la
terminaison à la fin de 1873. Un tel retard se fût fait sen-
tir cruellement à un vieillard alors à bout de force et de
santé.

Ainsi décidé, j'interrompais à minuit le dictionnaire, et
de minuit à trois heures je prenais en main la Vie d'Auguste Comte. Ces trois heures matinales (car le jour as-
tronomique commence à minuit), prélevées régulièrement
sans manque pendant un an environ, et jointes à ce que
je pouvais grappiller çà et là de moments, suffirent; en
1863 le volume fut prêt. Durant cet intervalle, je gagnai
un peu moins sur l'imprimerie pour le fait du dictionnaire,
voilà tout. L'achèvement de ma refonte ne fut retardé que
de quelques mois, ce qui, en définitive, ne compte guère
ni pour moi ni pour le dictionnaire. Mais on croira sans
peine que je me sentis grandement soulagé quand j'eus
atteint le terme de cette rude opération et que je fus sans
inquiétude sur la double issue, celle du livre relatif à Auguste Comte et celle de la refonte. Le résultat prouva que
M^me Comte n'avait pas trop présumé de mon dévouement;
et, quand je fus hors de la fournaise, je m'applaudis de
ce qui était fait : le payement de ma dette de disciple avait
été exigé, et je l'avais payée.

Mon assiduité permanente au travail, ne se laissant dé-
tourner par aucune distraction ni par aucune fatigue, fut
récompensée, et en 1865, je pus inscrire sur un dernier
feuillet : « Aujourd'hui j'ai fini mon dictionnaire. » Mon

collaborateur aussi infatigable que moi, M. Beaujean, qui est en même temps un collectionneur, a gardé par devers lui cet autographe, témoignage d'un accès de satisfaction qui me saisit au moment et que je ne pus m'empêcher de consigner tel que je le ressentais. C'était bien cette fois une vraie fin ; et une nouvelle et présomptueuse illusion ne venait pas me duper. Depuis, mon dictionnaire ne reçut aucun remaniement, aucune refonte. Sans doute, tout en avançant dans l'impression, je revoyais ma copie à mesure que je la donnais, y ajoutant, en fait d'additions et de rectifications, tout ce que, dans l'intervalle, j'avais recueilli ou qu'on m'avait communiqué avec bienveillance ; mais cela ne réagissait plus sur l'ensemble, qui demeura complètement déterminé. De ces notes récoltées au cours de l'impression, quelques-unes, naturellement, se rapportaient à ce qui était déjà imprimé et qui ne pouvait plus être changé. J'en fis un petit recueil, qui, sous le titre de *Supplément,* fournit une cinquantaine de pages et forma la clôture du quatrième volume. Dans les années qui suivirent la publication du dictionnaire, ce petit supplément grossit beaucoup, et il est devenu un volume publié à part. Mais qui peut espérer de clore jamais un dictionnaire de langue vivante ? Encore aujourd'hui je relève sans sourciller ce que mes lectures ou des communications spontanées m'indiquent comme oubli, comme lacune, comme erreur. Soin superflu sans doute ; car mon grand âge et des souffrances permanentes m'interdisent de songer à rien entreprendre en ce genre, mais soin que ma conscience de lexicographe ne me permet pas de négliger. Cela constitue un dossier provisoire que mes successeurs trouveront, et qui peut-être ne leur sera pas inutile, si l'on remanie jamais mon dictionnaire en une seconde édition[1].

1. En 1877, M. Littré publia un nouveau supplément de 375 pages.

Je ne sais qui a prétendu qu'on pouvait penser du mal de soi, mais qu'il ne fallait jamais en dire, vu que d'autres s'en emparaient sans ajouter les circonstances atténuantes. Je ne suis de cet avis ni en théorie ni en pratique. Le mal que je dis de moi, il ne me chaut qu'on le répète, non par dédain du qu'en-dira-t-on, mais par retour sur moi-même; car ce que je cherche surtout en le disant, c'est de m'inculquer plus péremptoirement la nécessité morale où je me crois de me prémunir, de propos délibéré, contre mes insuffisances de toute nature.

Appliquée à mon dictionnaire, cette critique de moi-même montre que je ne conçois mon plan qu'au fur et à mesure, que l'exécution est entachée du même vice, et que je n'arrive à la plénitude de mon idée et de mes moyens qu'à l'aide de tâtonnements qui se cherchent et se rectifient l'un l'autre. Du reste, cela n'est qu'un cas particulier du défaut général de mon esprit, défaut que j'ai décrit en mon livre de *Conservation, Révolution et Positivisme,* 2ᵉ édition, page 492, et qui consiste essentiellement à ne rien deviner, à ne rien savoir par intuition et, pour ainsi dire, d'avance, et à être contraint de tout apprendre par expériences chèrement achetées et par tentatives redoublées.

Heureusement, dans la grande affaire de mon dictionnaire, les bonnes parties de moi-même résistèrent au découragement, et, retournant le dire d'Ovide :

> Video meliora proboque,
> Deteriora sequor,

elles réduisirent les mauvaises à l'impuissance. Aussi, quand, en 1865, j'écrivis sur un dernier feuillet ce que j'ai rapporté plus haut, ma conception avait atteint toute l'amplitude qu'elle comportait, et l'exécution procédait suivant le modèle idéal.

Idéal? Ce beau mot appartient-il à l'humble et mécanique travail qui range à la file les vocables d'un lexique?

Eh bien, oui, je ne le rétracte pas. Quand j'eus embrassé l'ample développement de la langue française selon son histoire, et qu'il me sembla qu'un dictionnaire pouvait se régler sur cette grande image, alors un idéal vint qui éclaira mon œuvre.

La refonte, qui avait immensément accru les dimensions du dictionnaire, lui avait en même temps donné un caractère tout spécial qui ne lui laissait plus guère de ressemblance avec les dictionnaires ses prédécesseurs. Aussi, en 1863, M. Hachette, qui se tenait au courant de mes vues et de mes progrès, jugea-t-il à propos de modifier le titre dont nous étions convenus, et qui devint ce qu'il est aujourd'hui. L'étendue du livre fut fixée à deux forts volumes in-quarto à trois colonnes, de deux cents à deux cent cinquante feuilles chacun.

Le dictionnaire se publiait au fur et à mesure de l'impression, par livraisons de vingt feuilles. On calcula que le total en atteindrait vingt-cinq; mais là encore les prévisions furent dépassées. La matière donnait incessamment un peu plus qu'il m'avait semblé qu'elle donnerait. Non que je me livrasse à des divagations et à des hors-d'œuvre; mais, en me renfermant strictement dans les lignes tracées, comme je tenais à ne rien omettre d'essentiel ni à ne rien écourter, la copie s'allongeait sous ma plume, non sans exciter mes appréhensions. Je cheminais en effet entre deux préoccupations, entre deux écueils : ne pas rester au-dessous de mon cadre, et pourtant ne pas atteindre des dimensions qui rendraient l'œuvre inabordable. Le résultat fut en ma faveur. Le nombre des livraisons s'éleva à trente; ce qui n'eut rien d'excessif. Un seul embarras en provint; il fallut apporter quelques modifications au traité. Ce furent le fils et les successeurs de M. Hachette qui se chargèrent de ce soin; car, hélas! M. Hachette, emporté prématurément par la maladie, ne vit pas, dans les nouvelles conditions, un achèvement qui lui doit tant. Qu'aurais-je fait sans un éditeur si ami, si dévoué, si constant, si résolu contre les hasards et les difficultés?

J'ai déjà dit que la maison Hachette m'avait fourni diverses avances. Elles montèrent, en fin de compte, à plus de quarante mille francs. Un article du traité de 1863 portait, sans autre explication, que je les rembourserais. Le remboursement allait de soi; mais je fis observer à M. Hachette que, dans le cas qui paraissait possible à tous, probable à quelques-uns, où le dictionnaire n'aurait qu'un succès d'estime, c'est-à-dire ne réussirait pas et ne rapporterait rien ni à l'éditeur ni à l'auteur, la clause susdite me ruinerait entièrement; car c'était à cette somme que se montaient à peu près mes économies, faites avec un soin jaloux, afin de laisser, après ma mort, à ma femme et à ma fille un morceau de pain. M. Hachette reconnut incontinent la légitimité de mon observation. La clause fut remaniée; et il fut stipulé que ces quarante et quelques mille francs seraient prélevés, non sur mon avoir particulier, mais sur le produit de la vente du dictionnaire. De cette façon, moi et mes économies nous étions à l'abri. Le succès rendit facile le remboursement. Sur le prix que la maison Hachette me payait pour chaque livraison, elle retint la moitié, jusqu'à extinction de ma dette; et je ne tardai pas à me trouver libéré, sans avoir fait aucun tort à la maison Hachette, et sans avoir éprouvé aucun dommage. Il est vrai que cette libération, avantageuse aux deux parties, dépendit de l'éventualité du succès. En cas d'échec, la perte frappait la maison Hachette en ses considérables déboursés de toute nature, et moi proportionnellement bien davantage; car toutes ces années que j'avais données au dictionnaire demeuraient improductives; et je n'aurais eu énormément dépensé en travail et en veilles que pour me retrouver vieux, fatigué, épuisé, n'ayant sauvé du naufrage que les petites économies que je n'avais pas voulu compromettre.

Après le fait accompli et le débit assuré, quelques-uns m'ont suggéré que la librairie Hachette ne m'avait pas traité avec une largeur suffisante. J'ai toujours repoussé de pareilles suggestions, répondant que non seulement je ne réclamais rien, mais que je me trouvais satisfait de ma part. Je ne parle pas des clauses du traité qui lie les contractants; elles sont obligatoires, et c'est là l'équité légale; je parle d'une équité supérieure qui les amenderait d'un commun accord. Eh bien, cette équité supérieure elle-même est hors de cause. Je me félicite de la répartition telle qu'elle se fait, et m'en féliciter, c'est plus qu'y acquiescer.

Le travail commun de mes collaborateurs et de moi, qui dura tant d'années consécutives, n'était interrompu que par les vacances. Alors chacun allait à la distraction qui lui convenait le mieux. Moi, je passais un mois en Bretagne sur le bord de la mer : à Saint-Quai, près de Saint-Brieuc; à Laberbrach, près de Brest; à Pouliguen, près de Saint-Nazaire; à Pléneuf, près de Lamballe, mais le plus souvent à Roscoff, près de Morlaix. J'en revenais, amplement réparé et fortifié, dans mon étroite demeure de Paris. Puis l'hiver se passait; j'émigrais en hâte à ma campagne de Ménil-le-Roi; et là, le grand air, les bois, la verdure, la rivière, les belles prairies, donnaient les meilleures satisfactions à ma vie laborieuse.

J'avais alors, en effet, rue de l'Ouest, aujourd'hui rue d'Assas, un très petit et très incommode logement, mais très bon marché, comme mon mince revenu le voulait, le même que les gens de la Commune occupèrent en mai 1871 pendant trois jours. Des fenêtres ils firent feu sur les Versaillais, qui pénétraient; puis, quand, tournés là comme ailleurs, ils prirent la fuite, ils eurent soin de ne pas s'en aller sans allumer l'incendie au rez-de-chaussée. La maison flamba; mais la troupe, arrivant, se rendit maîtresse de l'embrasement, ainsi que dans la maison en face, où logeait M. Michelet, heureusement absent, et que les incendiaires n'oublièrent pas. J'avoue que, sur le moment, j'eus une vive reconnaissance aux soldats de Versailles d'avoir sauvé mon chétif mobilier, mes livres, mes papiers, mes notes et quelques chers souvenirs. Mais il paraît qu'on a changé tout cela depuis le retour de Nouméa et ses retentissantes ovations. Les chefs et les patrons des amnistiés nous crient à tue-tête que c'est l'armée régulière qui fut criminelle, que les gens de la Commune exerçaient une juste et bonne fonction en incendiant maisons, palais, bibliothèques, Hôtel de ville, et que le misérable intérêt personnel qui me préoccupa pour mon chez-moi est ce qui me mit et me met du côté des répresseurs. J'eus et je conserve de plus puissants motifs, et des motifs plus désintéressés, pour soutenir l'action légale qui, par la force militaire, étouffa une sinistre insurrection et rendit Paris à la France. C'est de la politique? Sans doute; et comment l'éviterait un homme chez qui par politique on a mis le feu?

Donc, en cet appartement que la Commune faillit à brûler et avant les désastres du siège, M. Hachette, venant un jour me voir, remarqua les monceaux de papier qui l'encombraient, et qui étaient la partie non encore imprimée de mon dictionnaire. L'étroit voisinage de ces papiers et du foyer de la cheminée le frappa, et l'inquiétude d'un incendie lui vint à l'esprit. « Que pourrait-on faire, me dit-il, pour prévenir une perte irréparable? Y aurait-il moyen de prendre copie de tout cela et d'en avoir un double? » J'objectai que prendre copie d'une telle masse serait bien long et bien dispendieux, que les risques de chez moi se doubleraient des risques chez un copiste, et qu'avec une pareille opération purement subsidiaire il y avait lieu d'appréhender des retards qu'il importait tant d'abréger. Sur ce, la proposition en resta là. Mais je demeurai sous l'impression qu'elle avait provoquée, et tout soucieux de l'éventualité d'un sinistre.

Ma sécurité imprévoyante avait disparu; et je songeai

à quelques précautions sinon pour anéantir, du moins
pour atténuer les mauvaises chances dont la vive image
me faisait trembler. Mon manuscrit était disposé par paquets de mille feuillets. Il se trouva, compte fait, que j'a-
vais deux cent quarante de ces paquets. En conséquence,
je commandai huit caisses en bois blanc, capables de
contenir chacune trente paquets, en tout deux cent quarante mille feuillets. C'était la fin du dictionnaire, et re-
présentait à peu près l'équivalent de ce qui était déjà
imprimé et sauvé des dangers éventuels. Ces caisses furent
remises à un emballeur, qui les prépara comme si elles
devaient traverser la mer et aller en Amérique ou aux
Indes, c'est-à-dire résister à la longueur du temps, à l'hu-
midité et à toutes les intempéries. Elles n'avaient pas à
voyager si loin. Je les emportai à Ménil-le-Roi, et les
déposai dans la cave. Là, l'incendie ne les menaçait pour
ainsi dire plus. Je n'avais de voisin que d'un côté, ce qui
diminuait de moitié le risque ; j'habitais seul ma maison,
et encore seulement durant la belle saison, et j'évitais les
dangers de l'hiver, où les feux sont particulièrement fré-
quents. Enfin, si le malheur voulait qu'elle brûlât, cette
maison, peu haute et de petites dimensions, ne causerait
pas par sa chute l'effondrement de la cave. Les caisses y
restèrent plusieurs années. L'emballeur n'avait pas surfait
la valeur de son opération, et les papiers qu'elles conte-
naient ne souffrirent en rien du long séjour qu'elles y
firent. Je les tirais l'une après l'autre au fur et à mesure
des besoins de l'impression. C'est ainsi que j'arrivai au
milieu de la terrible année 1870.

Après les premières batailles perdues, qui n'annonçaient
que trop l'insuffisance de notre gouvernement et de nos
chefs militaires, je compris aussitôt que la guerre allait
arriver sous les murs de Paris ; car on savait dès lors que
M. le maréchal Bazaine, par une incroyable et impardon-
nable négligence, s'était laissé couper et cerner dans Metz,

et l'on pensait que M. le maréchal de Mac-Mahon, avec l'armée du camp de Châlons, battrait en retraite, afin de la conserver pour la défense de Paris, qui, sans elle, serait infailliblement investi et séparé du reste de la France. Je me persuadai donc que les environs de Paris seraient le théâtre d'actives opérations militaires, et que les villages du rayon, entre autres Ménil-le-Roi, étaient exposés à devenir des positions prises et reprises et à être incendiés. Avec ces perspectives telles que je me les figurais, et malgré les poignantes angoisses du malheur public, je gardai le souci de mes caisses, comme je le devais; car je n'étais pas seul intéressé à leur conservation, la maison Hachette l'était aussi. Je pris ce qui m'en restait, et les emportai à Paris, avant l'investissement.

Eh bien, je m'étais trompé; mes caisses auraient pu rester à Ménil-le-Roi, sans courir le risque de périr avec le village qui leur servait d'asile. L'armée de Châlons, par une inspiration partie des Tuileries et digne complément de toute la stratégie d'un gouvernement affolé, alla se faire prendre en masse à Sedan, hommes, chevaux, fusils, canons, généraux, empereur, et l'on ne se battit pas dans la campagne autour de Paris. Ménil-le-Roi ne fut pas occupé par les Allemands. Ils n'y firent que des allées et venues. Dans un de leurs passages, remarquant une maison qui était inhabitée, ils en enfoncèrent la porte et y pénétrèrent. Là se borna le dégât. On me raconta même qu'entrés et voyant mes livres, ils dirent : « Belle bibliothèque. » Le fait est qu'y revenant neuf mois après, en mars 1871, je retrouvai tout intact; même le vêtement que j'avais quitté à la hâte en partant était encore sur mon lit, dans ma chambre à coucher, qui était aussi, je l'ai dit, mon cabinet de travail. Au premier moment les habitants de Ménil-le-Roi avaient fui; mais ils ne tardèrent pas à revenir en leurs demeures. Ils songèrent à moi, tout absent que j'étais; et, afin d'empêcher que mon logis ne parût inhabité et ne fût pour cela plus exposé à être mis au pillage par les hommes qui allaient et venaient entre Carrière et Maisons-Laffitte, ils y installèrent un des leurs. J'avais été bon pour eux comme médecin dans leurs maladies; ils furent bons pour moi comme gardiens et défenseurs de mon chez-moi abandonné.

A Paris, avec mes caisses, autre embarras. Il eût été imprudent et contradictoire au genre de précaution que je cherchais, de les loger en l'appartement que j'occupais au troisième, rue de l'Ouest, car cet appartement était dans le rayon de la portée des canons allemands. Et en effet, deux obus y tombèrent. A la vérité, ces obus (l'un détruisit le mobilier d'une pauvre voisine, mais au quatrième et sur l'autre palier) ne m'atteignirent pas. Dès que les communications furent rétablies entre Paris et Bordeaux, où j'étais alors, un journal annonça que tout avait été mis à mal chez moi; mais bientôt des lettres rassurantes m'apprirent qu'il n'en était rien. Toutefois ce n'était pas sur de pareils hasards, échappant à toute prévision, qu'il convenait de se régler.

L'odyssée de mes caisses n'était donc pas terminée. Je demandai de les recevoir à la maison Hachette, qui y consentit. Là, elles étaient hors de la portée des obus; aucun projectile venu de la rive gauche n'atteignit jusque-là. On les plaça dans un sous-sol très solide, où elles semblaient à couvert de toutes les injures. Ce fut pourtant en cet abri qu'elles coururent un dernier et sérieux danger.

Lors de la reprise de Paris par l'armée, qui exécutait les ordres du gouvernement légal de la France, une bande de gens de la Commune occupa le haut de la rue Hautefeuille, au point justement où sont situées et la maison de M. J.-B. Baillière et celle de M. Hachette. Quand le progrès des troupes de Versailles devint menaçant, ces gens agitèrent derrière leur barricade les sinistres résolutions qui furent mises à exécution en tant de lieux. Ils s'apprêtèrent à allumer l'incendie de ce groupe d'édifices; mais ils furent dérangés dans leurs desseins, à tort suivant eux, à droit suivant moi, par les soldats, qui les dispersèrent. Les maisons Baillière et Hachette échappèrent à la destruction, mes caisses aussi.

Délivré de souci à l'égard de ce qui me restait à imprimer du dictionnaire, je songeai à moi et aux miens; et, après de cruelles hésitations entre les différents devoirs, je me décidai à quitter Paris. Je ne pouvais, vu mon âge, servir à la défense, et je pensai rendre un service négatif en débarrassant de bouches inutiles (ce que bien d'autres auraient dû faire) la ville qui allait être investie et affamée. Toutes mes habitudes hors de chez moi étaient en Bretagne. C'est là que nous nous réfugiâmes, moi, ma femme et ma fille. Nous trouvâmes une cordiale hospitalité à Saint-Brieuc, chez M. le docteur Fortmorel, et notre exil fut adouci. Mais que les journées étaient longues! On soupirait anxieusement après le journal de chaque jour, qui n'apporta qu'une fois une bonne nouvelle, celle de la bataille de Coulmiers; on recevait par ballons quelques lettres qui nous informaient de nos amis, de Paris, de ses souffrances et de la généreuse endurance des Parisiens; et l'on se reprochait avec amertume le pain qu'on mangeait si commodément, pendant qu'eux s'avançaient chaque jour vers les derniers abois. Dans cette inerte attente, et pour tuer le temps qui me tuait, je mis à contribution la bibliothèque de M. le docteur Fortmorel, et je recueillis quelques provisions pour mon dictionnaire, bien que, aux heures les plus sombres, je ne susse plus si nous aurions encore une patrie et tout ce que ce mot sacré comporte. Il n'était aucune détresse qui ne semblât possible, surtout à un vieillard qui ne croyait plus guère se reprendre à la vie et au travail.

Enfin, des lueurs apparurent dans ce ciel si obscur.

L'Assemblée nationale, dont quatre-vingt mille électeurs parisiens m'avaient fait membre, vint s'installer à Versailles. Mais les portes de Paris ne se rouvrirent pas encore pour moi. L'insurrection du 18 mars l'occupait ; et, le siège une fois commencé, je n'y pouvais rentrer. Autres angoisses : avec le peu de troupes, et troupes si désorganisées, si découragées, dont M. Thiers disposait, rien n'était plus incertain que la lutte contre le populaire parisien soulevé, nombreux, maître des forts sauf le mont Valérien, formé en bataillons et pourvu, en quantités infinies, de fusils, de canons et de munitions. Malgré des circonstances aussi défavorables et en dépit de mon peu de cœur à l'ouvrage, M. Beaujean, qui était resté à Paris et qui pouvait me servir d'intermédiaire, insista d'une manière pressante pour que nous nous remissions à la besogne du dictionnaire, interrompue depuis près d'un an. Et il fut bien inspiré en me forçant ainsi la main ; il n'y avait, je le vis bientôt, rien à perdre en recommençant, et beaucoup à gagner, c'est-à-dire du temps, de la confiance en un retour de fortune, de l'activité en une réparation qu'il était du devoir de chacun d'entamer sans retard. Mes collaborateurs se montrèrent tout prêts. L'imprimerie accueillit de la copie avec satisfaction, et des ouvriers se retrouvèrent pour la composer. On avait ouvert chez M. Hachette celle de mes caisses qui était en exploitation lors de l'interruption. Tout y avait dormi de longs mois ; mais, comme dans le conte de Perrault, tout, copie en train, placards à demi corrigés et feuilles commencées, se réveilla en sursaut.

Les épreuves étaient envoyées non sans peine à Versailles, non sans peine renvoyées à Paris. Ma plus grande gêne provenait de ma séparation d'avec mon appareil lexicographique. Mais enfin cette gêne ne fut que passagère. L'insurrection succomba, et je revins à Paris, à mon œuvre, à mes livres et à toute mon installation. Dès lors l'impression marcha rapidement, et elle se termina en 1872, avec la fin de l'année. J'ai noté ci-dessus quelle joie intime j'éprouvai en 1865, quand j'écrivis le dernier feuillet de la refonte. Le dernier bon à tirer que je donnai en 1872 renouvela avec non moins de vivacité le sentiment d'un accomplissement obtenu par de grands efforts, après beaucoup d'années, en dépit de moments de vrai désespoir intérieur et de bien rudes traverses extérieures.

Ces derniers dix-huit mois (1871-1872) furent pour moi des mois chargés outre mesure et difficiles. Tous les arrangements de ma vie pour me procurer la plus grande somme de temps disponible étaient bouleversés. Membre de l'Assemblée nationale, j'assistais régulièrement à ses séances. N'ayant pu prendre résidence à Versailles à cause de mes livres et de tout ce qu'à Paris j'avais sous la main, j'étais obligé de faire chaque jour le voyage dont on s'est tant plaint et qui vient seulement de cesser. De la sorte, le milieu des journées m'était enlevé tout entier; il ne me restait que les matinées, les nuits, les dimanches et les vacances de l'Assemblée. Ces heures dérobées aux devoirs publics, on imaginera sans peine avec quel soin jaloux je les employai, et combien je me réjouis quand je vis qu'elles suffisaient.

Ce fut à la fin de cette année 1872 que ma santé commença de s'altérer profondément. Je fus pris de petites fièvres; un catarrhe s'établit dans les voies nasales et respiratoires et ne m'a plus quitté; les ongles des mains devinrent malades et tombèrent les uns après les autres. Le temps ni les soins médicaux n'apportèrent aucun soulagement : le temps, qui, au contraire, aggravait chaque jour le poids de la vieillesse; les soins médicaux, qui ne trouvaient aucun appui dans une constitution tombant en ruine. Et en effet, loin de s'amender, mon état, après avoir ainsi duré d'une façon pénible, mais supportable, se compliqua d'un rhumatisme qui me causa et me cause de grandes douleurs, et qui, lui aussi, prit le caractère de permanence des premiers et toujours persistants accidents. Peu à peu je fus tout à fait confiné dans ma chambre, presque cloué sur mon fauteuil, et je représentai assez bien le misérable Scarron que nous connaissons, avec un peu moins d'impotence peut-être, mais sûrement avec un opiniâtre catarrhe en plus, conservant comme lui la lucidité d'esprit, et l'employant comme lui aux distractions du travail intellectuel. J'ai attentivement examiné, au point de vue médical, si j'étais en droit de rattacher les souffrances qui assaillent la fin de mon existence, au genre de vie que j'ai mené durant les quinze dernières années de mon dictionnaire; et il m'a été impossible d'y apercevoir aucun lien de cause et d'effet. Bien des gens ont travaillé et travaillent autant que moi, sans être en proie à la pathologie compliquée qui s'est emparée de ma personne. Ma détérioration n'a rien présenté de graduel, comme eût fait un surmenage progressif; elle m'a envahi d'emblée; et, quant au rhumatisme final qui s'y est adjoint et qui m'a fait le triste pendant de l'auteur du *Virgile travesti,* on raconte que le pauvre diable dut son mal à une farce imprudente qui l'exposa sans défense à l'influence du froid. En considérant mon histoire pathologique, je suis disposé à m'en prendre, aussi bien pour le rhumatisme que pour ce qui l'a précédé, à une hérédité fâcheuse. Mon grand-père paternel, bien que mort très âgé (quatre-vingt-neuf ans), fut tourmenté pendant bien des années par la goutte; mon père, qui n'atteignit pas à beaucoup près l'âge du sien, eut des attaques de gravelle, à l'une desquelles il succomba; et l'on sait médicalement que la goutte et la gravelle ont entre elles de la parenté. A mon tour, je suis en proie à des troubles généraux et dyscrasiques, et surtout au rhumatisme, lié, lui aussi, à la diathèse goutteuse. J'innocente donc le dictionnaire de toutes les perversions organiques qui m'affligent.

La maladie, qui ne m'a plus quitté, me causa, au moment de l'achèvement, avec lequel son invasion coïncida, un désappointement petit sans doute, mais qui me fut sensible. Mon dessein était de réunir à un repas de félicitation et d'adieu mes collaborateurs, mon éditeur M. Hachette, et quelques amis datant du collège ou à peu près. Devenu malade, il me fallut renoncer absolument aux réunions et aux repas. J'espérai d'abord que ce n'était qu'un ajournement; mais j'espérai en vain. L'ajournement était définitif. Le temps n'accommoda rien, il empira tout; et, en écrivant ces lignes, je tiens la plume d'une main débile et endolorie.

Un incident m'informa de bonne heure du succès que mon livre, une fois achevé, obtenait. Jusque-là, les livraisons publiées l'une après l'autre n'avaient eu qu'une vente très circonscrite, un succès d'estime au delà duquel on n'irait pas, pensaient plusieurs autour de moi, juges d'ailleurs éclairés et bienveillants. Et, de fait, les dimensions volumineuses du dictionnaire, sa cherté absolue et le caractère d'érudition qui y était empreint semblaient lui interdire l'accès du grand public. Toutefois la maison Hachette conservait bon espoir. J'étais plutôt, ne fût-ce que par crainte des déceptions, du côté de la défiance, lorsque, me trouvant à Versailles, mon collègue à l'Assemblée nationale, M. Carnot père, me demanda comment il se faisait qu'on ne pouvait se procurer un exemplaire de mon dictionnaire. A cette question je n'eus point de réponse, et je supposai que le libraire à qui M. Carnot s'était adressé avait commis quelque méprise. Il n'en était rien. J'eus hâte, on le pense bien, de m'enquérir auprès de M. Hachette, qui m'apprit qu'en effet la demande avait dès le premier abord épuisé ce qu'on avait de prêt en exemplaires, qu'on avait été, et l'on s'en félicitait, pris au dépourvu, mais que, dès à présent, un nombre de presses suffisant pour satisfaire aux exigences était en pleine activité. Ces presses ne chômèrent plus; et l'éditeur et l'auteur ont assisté à un écoulement régulier. Sans doute, le fort de cet écoulement s'est opéré et s'opère encore en France même; néanmoins un appoint non à dédaigner a été fourni par les pays étrangers. Mon dictionnaire s'est répandu auprès et au loin; et d'Angleterre en particulier me sont venues des appréciations qui m'ont été fort sensibles. Je ne noterais pas cette circonstance, si elle n'attestait que l'intérêt excité par notre langue dans les deux derniers siècles, que dis-je? dans le haut moyen âge, alors que notre littérature jouissait déjà de la faveur de l'Europe, ne s'est pas perdu, et que non seulement en vue de nous-mêmes, mais aussi en vue des étrangers, nous devons avoir souci de notre *parleüre* (c'est le mot de nos aïeux); car noblesse oblige.

Mon dictionnaire ne s'est terminé tout à fait qu'à la fin de ma soixante-onzième année. Plus j'avançais dans la vieillesse, plus ma témérité devenait grande, et plus ma chance diminuait de mettre moi-même la dernière main à mon œuvre. Ma témérité a eu le dessus. J'en ai été félicité par un de mes collègues et amis, M. Laurent-Pichat, qui soutint mes efforts et aida mon labeur. Les expressions dont il s'est servi ont excité en moi le scrupule de les transcrire; mais je prie mon lecteur, qui certainement partagera ce scrupule, d'oublier la forme pour ne considérer que le fond : « Un homme illustre de notre temps, a dit M. Laurent-Pichat en un discours prononcé à la distribution des prix du lycée Charlemagne, le 5 août 1879, dont l'héroïsme moral est devant nous comme un grand exemple, entreprit une tâche immense, sans songer aux jours que cette vie lui réservait. Il commença son œuvre vers les années du déclin. Il y travailla quinze ans; et l'impression de l'ouvrage dura peut-être autant d'années encore. Le succès couronna la tentative; il éleva un monument national; et il peut se reposer maintenant en considérant avec

sérénité l'édifice qu'il a consacré à la langue française. »
Ces paroles, adressées à des jeunes gens qui entrent dans
la vie, à propos d'un vieillard qui en sort, m'ont paru,
malgré l'excès de la louange, mériter d'être recueillies;
d'autant plus que mon exemple et les conseils dont je l'ai
accompagné ont, je le sais assurément, engagé plus d'un
homme de labeur et d'action à regarder plutôt ce qu'il
avait à faire que ce qu'il avait à vivre [1].

*Note supplémentaire.* — Le commencement de la copie
fut remis à l'imprimerie le 27 septembre 1859; la fin, le
4 juillet 1872. Les premiers mois de 1859 furent employés
à des essais de caractères, avec un paquet de copie livré
pour ces essais.

La copie (sans le *Supplément*) comptait 415,636 feuillets.

Il y a eu 2,242 placards de composition.

Les additions faites sur les placards ont produit 292 pages à trois colonnes.

Si le *Dictionnaire* (toujours sans le *Supplément*) était
composé sur une seule colonne, cette colonne aurait
37,525$^m$,28.

La composition a commencé régulièrement en septembre 1859; le bon à clicher du dernier placard (sans le
*Supplément*) a été donné le 14 novembre 1872; ce qui fait
une durée de treize ans et deux mois environ.

---

1. L'exemple donné par Littré n'a pas été perdu et son grand ouvrage a trouvé des imitateurs et des émules. Depuis bientôt dix ans,
la maison Delagrave publie un *Dictionnaire général de la langue
française, du commencement du dix-septième siècle jusqu'à nos jours,*
par MM. Hatzfeld, Arsène Darmesteter et Antoine Thomas, ouvrage
considérable et neuf par certains côtés. Voici en quels termes les
auteurs parlent du *Dictionnaire* de Littré : « Si nous avons pu, comme
c'était notre ambition, éclairer d'un jour nouveau l'histoire des
mots par l'histoire des idées qu'ils représentent, c'est à celui qui a
frayé le chemin qu'il convient de rapporter le mérite. » (Note de
l'éditeur.)

La composition n'a été interrompue que pendant la guerre, du 1er août 1870 au 21 février 1871, et, pendant la Commune, du 19 avril au 14 juin 1871.

### PUBLICATION DES LIVRAISONS

| | | |
|---|---|---|
| 1863..... | 7 | livraisons. |
| 1864..... | 3 | — |
| 1865..... | 2 | — |
| 1866..... | 1 | — |
| 1867..... | 3 | — |
| 1868..... | 4 | — |
| 1870..... | 2 | — |
| 1871..... | 0 | — |
| 1872..... | 5 | — |

FIN

SOCIÉTÉ ANONYME D'IMPRIMERIE DE VILLEFRANCHE-DE-ROUERGUE
Jules BARDOUX, Directeur.